W0273312

POSER DES LIMITES ET SE FAIRE OBÉIR EN DOUCEUR

Écouter
Comprendre
S'imposer

LES CLÉS de l'éducation positive LAROUSSE

Nina Bataille

POSER DES LIMITES ET SE FAIRE OBÉIR EN DOUCEUR

Écouter
Comprendre
S'imposer

Illustrations : Clémence Daniel

LAROUSSE

Direction de la publication : Isabelle Jeuge-Maynart et Ghislaine Stora
Direction éditoriale : Agnès Busière
Responsable d'édition : Bethsabée Blumel
Lecture correction : Laurence Alvado
Conception maquette : Anna Bardon
Adaptation et mise en page : Catherine Le Troquier
Illustrations : Clémence Daniel
Couverture : Véronique Laporte
Fabrication : Donia Faiz

ISBN 978-2-03-594859-5

Les Éditions Larousse utilisent des papiers composés de fibres naturelles,
renouvelables, recyclables et fabriquées à partir de bois issus de forêts qui adoptent
un système d'aménagement durable. En outre, les Éditions Larousse
attendent de leurs fournisseurs de papier qu'ils s'inscrivent dans une démarche
de certification environnementale reconnue.

PAPIER À BASE DE FIBRES CERTIFIÉES

LAROUSSE s'engage pour l'environnement en réduisant l'empreinte carbone de ses livres.
Celle de cet exemplaire est de :
700 g éq. CO_2
Rendez-vous sur www.larousse-durable.fr

Sommaire

Préambule 7

Pourquoi les enfants n'écoutent rien ? 9

Mes enfants n'écoutent rien ! 10
Attention, on a dit « super parent », pas « super héros » ! 12
Pourquoi ces crises d'opposition et ces caprices ? 16
Qu'attendre de son enfant en fonction de son âge ? 18
Favorisez le bon développement de son cerveau 20
Comment l'aider à réguler ses émotions ? 24

Bien s'écouter pour bien se comprendre 27

Savez-vous vraiment écouter votre enfant ? 28
Comment écouter ses émotions ? 34
Entraînez-vous à l'écoute empathique ! 36

10 situations où les enfants n'écoutent rien ! 39

La crise d'opposition 40
Besoin d'affirmation 41
Les frustrations 42
Le besoin d'exploration 43
Le besoin d'être rassuré 44
Le besoin d'attention 45
Le besoin d'identité 46
La fatigue, le manque de motivation 47
La bouderie 48
La jalousie 49
Troubles d'opposition, quand consulter ? 50

Sommaire

Comment parler pour que son enfant écoute ? 53

La règle des 4 C 54
Utilisez le « je » et le « moi » 56
Utilisez le compte à rebours 58
Soyez efficace sans effort ! 60
Pour encourager son enfant à parler davantage 62

Se taire pour mieux écouter 65

Comment se faire écouter sans même avoir à parler ? 66
Instaurez la confiance 68
Vous n'êtes pas un perroquet 69

Pourquoi montrer l'exemple ? 71

Conte pour ressentir, conte pour réfléchir 72
Attention, votre enfants vous imite ! 74
Faites le bilan. Quels engagements prenez-vous ? 76

Bibliographie 78

À propos de l'auteure 79

Préambule

LE « DROIT À L'ERREUR » POUR TOUS LES PARENTS !

Parents, vous avez le droit à l'erreur ! C'est en tâtonnant que vous allez y arriver. Donnez-vous le droit de ne pas tout réussir du premier coup, c'est ainsi que l'on apprend.

Par ailleurs, rappelez-vous qu'un enfant tombe en moyenne 2 000 fois avant de réussir à marcher et qu'à l'âge adulte, les succès arrivent grâce à ce cercle magique :

Rafael Nadal ou Florence Foresti ont tous connu plusieurs échecs avant de réussir.

Tenez bon, persévérez et vos efforts seront récompensés !

1

Pourquoi les enfants n'écoutent rien ?

Vous avez des enfants ? Vous êtes alors très bien placés pour savoir qu'ils n'écoutent pas toujours ce que les adultes leur disent ! Selon leur âge, leur niveau de fatigue, leur besoin de s'affirmer, vos chers bambins vous mettent à rude épreuve avec leur écoute sélective… Comment vous faire entendre sans vous épuiser ?

Mes enfants n'écoutent rien !

« Je craque, vous avez une solution ? » Se faire écouter, se faire comprendre par ses enfants n'est pas toujours facile. Si vous espérez secrètement changer votre enfant, c'est totalement vain. Même si on le veut très fort, on ne peut pas changer l'autre, c'est impossible...

Message clé n° 1

Ce n'est pas votre enfant qui vous stresse, c'est ce que vous pensez de lui. Bonne nouvelle, il est possible de modifier votre propre comportement ! Si vous avez une attitude différente avec votre enfant, il adoptera de lui-même un nouveau comportement.

Message clé n° 2

Arrêtez de refaire ce qui ne fonctionne pas ! Quand vous êtes sous tension, vous vous sentez démuni/e, vous rentrez dans un rapport de force et vous vous installez dans un schéma répétitif où vous redites ce que vous avez déjà dit 1000 fois et qui n'a jamais été efficace. Il est temps de changer votre façon de faire !

Avant	Qu'est-ce qui ne fonctionne pas ?	Après
Annabelle, 5 ans, veut toujours aller aux toilettes au moment de partir à l'école ! **8 h 15 :** Il est temps de partir à l'école. « Viens mettre tes chaussures », dit maman. **8 h 16 :** « Pas tout de suite, j'ai envie de faire pipi ! », répond Annabelle. C'est toujours la même chose : sa maman en a plus qu'assez !	**Annabelle n'a pas la notion du temps.** Pas la peine de s'énerver…	**Anticipez ! Un enfant averti en vaut deux !** À partir de maintenant, sa maman demandera à Annabelle de mettre ses chaussures dès 8 h 05. Plus de soucis si sa fille a besoin d'un petit détour par la case toilettes.
Lucas et Zoé se disputent toujours en se brossant les dents ! **7 h 45 :** Tous les matins dans la salle de bains, le brossage des dents dégénère en cris et en disputes, chacun voulant être prioritaire pour avoir le tube de dentifrice, l'accès au robinet pour se rincer la bouche… Tous les matins, leur mère crie : « Arrêtez ça tout de suite ! »	**Certains moments sont plus propices que d'autres aux chahuts !** Du coup, on peut dire ce qu'on veut, les enfants en profitent et s'en donnent à cœur joie !	**Chacun son tour ! Séparez les enfants pour éviter les chahuts.** Dorénavant, les enfants se brossent les dents à tour de rôle. Terminé les disputes !

Attention, on a dit « super parent », pas « super héros » !

Travail, famille, amis, la vie de parent est parfois épuisante… et votre énergie est limitée ! Comment en tirer le meilleur parti ?

Pour travailler et s'occuper de sa famille, il est important de se ressourcer.

• *Osez être bienveillant envers vos enfants et envers vous-même.* Si les parents comprennent l'importance de la bienveillance envers leurs enfants, ils ne pensent pas toujours à se l'appliquer à eux-mêmes. Pour faire face aux colères, aux frustrations, à la fatigue de ses enfants, il est indispensable de prendre soin de soi. C'est ainsi que l'on a suffisamment d'énergie pour accompagner les moments difficiles.

Comment se ressourcer ?

• *Ne faites rien ou faites ce que vous aimez !* Dans nos sociétés modernes, « ne rien faire » est un peu tabou, car le temps doit être optimisé. Du coup, vous avez peut-être oublié comment ne rien faire ou comment faire ce qui vous plaît…

Mode d'emploi pour recharger vos batteries

Cherchez ce qui vous ressource, vous dynamise ! Qu'est-ce qui vous fait vraiment plaisir et vous donne de l'élan intérieur ? Vous savez, ces activités qui vous procurent plus d'énergie qu'avant sur le plan physique, intellectuel ou émotionnel.

Exemples : déjeuner avec un ami, téléphoner à une copine, « buller » au soleil, lire, faire du sport, cuisiner, bricoler, jouer d'un instrument, regarder la télévision, mais aussi, ranger, apprendre une langue étrangère, organiser un projet…

Pas de recette : à chacun sa manière de se ressourcer. Cela peut même être une source d'effort, dont on pourrait penser qu'elle va vous « prendre de l'énergie », en apparence.

ACTIVITÉ

À vous de jouer !

EXERCICE 1

- Planifiez votre activité favorite la semaine prochaine :

....

....

....

....

....

- **Puis faites-la régulièrement.** Ce n'est pas une option, c'est indispensable ! Et sans culpabiliser !

Cela fait partie de votre équilibre et de celui de votre famille. Faites-la dans la joie, ce sera encore plus ressourçant !

MON CONSEIL : Ces 5 précieuses minutes vous permettront de « déconnecter » de vos pensées négatives ou contrariantes en vous remettant dans le présent.

EXERCICE 2

- **Prenez 5 minutes pour vous !** Vous êtes fatigué/e après une journée de travail ? Pourquoi rentrer tout de suite chez vous alors que vous n'avez pas eu le temps de décompresser ?

- **Astuce pour décompresser en fin de journée.** Moteur éteint, restez quelques minutes dans votre voiture pour écouter vos chansons préférées. Cela vous permettra de vous ressourcer un peu avant de rentrer chez vous où votre deuxième journée vous attend avec son lot de tâches ménagères et autres disputes entre enfants.

- **Dans les transports en commun**

Fermez les yeux et connectez-vous à tous vos sens

- Que ressentez-vous ?
- Qu'entendez-vous ?

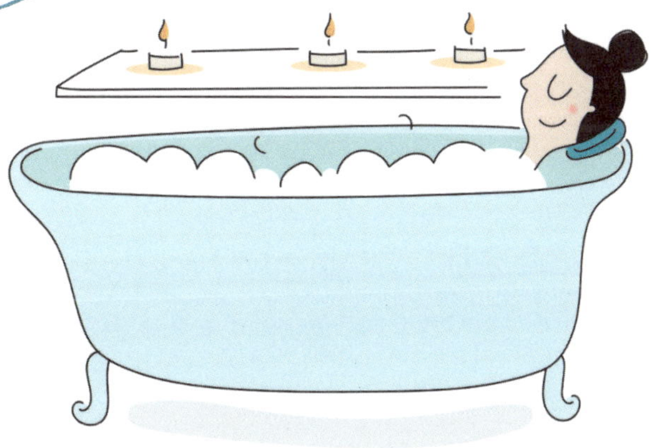

Les 10 commandements

1. Un super parent fait des super câlins !

2. Un super parent n'est pas un robot
qui ne fait que travailler et s'occuper des autres.

3. Un super parent sait faire des super grimaces,
ce qui provoque des super fous rires.

4. Un super parent prend soin de lui : sommeil,
alimentation, tout est question d'équilibre.

5. Un super parent aime son enfant super, super fort !

6. Un super parent sait se ressourcer régulièrement :
déjeuner avec un/e ami/e, « buller » devant la télévision...

7. Un super parent offre quelques bonbons,
chocolats et glaces à son super enfant !

du super parent

8. Un super parent ne fait pas toujours passer ses enfants avant lui, car il sait qu'être parent n'est pas un sprint... mais une course d'endurance.

9. Un super parent guide et fait grandir son enfant dans l'amour et la joie.

10. Un super parent organise quelques tête-à-tête avec l'autre super parent de ce super enfant !

Pourquoi ces crises d'opposition et ces caprices ?

Les enfants ne savent pas toujours s'exprimer de façon claire et constructive, surtout lorsqu'ils sont tout-petits : un problème, une contrariété, et c'est l'explosion ! Du coup, il n'est pas toujours évident pour vous de faire la part des choses entre un enfant qui exagère, dépasse les limites et un enfant qui vraiment besoin de réconfort.

Décodez le comportement de votre enfant

Le comportement d'un enfant reflète toujours un état intérieur que le parent se doit de comprendre : besoin de décharge, besoin physiologique, besoin de faire passer un message, comprendre où sont les limites... D'une manière générale, son comportement est dirigé vers le besoin de s'affirmer : grandir, se construire, être soi.

Caprice ou pas caprice ?

Comment s'y retrouver ? Comment faire la part des choses entre caprices et expression d'un vrai besoin physique ou émotif à combler ?

- *Analysez le contexte :* si votre enfant refuse de se baigner, c'est peut-être parce qu'il a peur de l'eau et qu'il a besoin d'être rassuré. Il ne fait donc pas un caprice, il est juste inquiet.

- *Identifiez le déclencheur :* les crises des enfants sont souvent liées à la fatigue, l'ennui, l'excitation, la peur, l'anxiété, l'envie d'indépendance, le fait d'être forcé de partager ou... sans raison apparente. En apprenant à connaître ces moteurs, vous arriverez à les anticiper et à les prévenir plus rapidement.

MON CONSEIL : Renforcez ses comportements positifs : félicitez votre enfant quand il arrive à rester calme dans une situation qui aurait pu dégénérer.

ACTIVITÉ

À vous de jouer !

CAS N° 1 : VOTRE TOUT-PETIT REFUSE D'AVALER SON DÎNER. CRIS ET PLEURS SONT AU PROGRAMME.

- Vous pensez peut-être qu'il le fait exprès pour vous faire culpabiliser d'avoir repris le travail ? Ce raisonnement est beaucoup trop complexe pour lui, ce n'est pas un caprice.

- **Cherchez à déceler les causes** d'un comportement au lieu de le réprimer. Par exemple, il est peut-être trop tard pour lui et il est fatigué. Essayez autant que possible de le faire dîner avant 19 h.

- **Vous ne gâtez pas votre enfant lorsque vous répondez à ses besoins, vous lui apprenez qu'il peut compter sur vous.**

CAS N° 2 : 18 H, VOTRE ENFANT HURLE POUR AVOIR DES GÂTEAUX.

- **Posez des limites :** répondez aux besoins de votre enfant, mais pas à tous ses désirs. Avant 5 ans, un enfant teste très souvent les limites pour savoir jusqu'où il peut aller. C'est ainsi qu'il va apprendre à vivre en société. Et pour cela, il a besoin d'apprendre qu'il ne peut pas toujours avoir ce qu'il désire. Lui donner des gâteaux peut être tentant pour le calmer temporairement... mais vous risquez d'en faire un enfant roi, qui ne supporte pas qu'on lui refuse quoi que ce soit.

- **Si vous cédez souvent aux crises de votre enfant, il apprendra que c'est ce qu'il doit faire pour obtenir ce qu'il souhaite.**

CAS N° 3 : CELA FAIT 10 FOIS QUE VOUS LUI AVEZ DEMANDÉ DE METTRE LA TABLE ET IL MANQUE ENCORE LES SERVIETTES ET LES VERRES.

- Si votre enfant ne fait pas ce qu'on attend de lui, c'est peut-être parce que ce n'est pas adapté à son âge ou que la consigne n'est pas suffisamment claire.

- **Vérifiez que votre enfant a bien compris la consigne et qu'il est capable de l'appliquer.**

Qu'attendre de son enfant en fonction de son âge ?

Cela ne vous viendrait pas à l'idée d'ordonner à un bébé de 6 mois de ranger sa chambre ? Vous savez bien qu'il n'en est pas capable ? Parfois, nos demandes sont incompatibles avec la maturité cérébrale de nos enfants. Oui, mais alors, que peut-on demander à un enfant en fonction de son âge ?

Cris, pleurs et refus avant 18 mois, est-ce un caprice ?

Les tout-petits ne sont pas des pros de la communication : les cris sont souvent leur seul moyen de s'exprimer. Avant 18 mois, un bébé est incapable de faire un caprice. Pour désirer quelque chose, il faut pouvoir l'imaginer et trouver les moyens de l'obtenir. Leur cerveau n'est pas assez développé pour cela. L'enfant qui exprime sa frustration, parfois de manière intense, est face à un besoin physique ou émotif qui n'a pas été satisfait. Par exemple, si un bébé pleure pour être pris, c'est qu'il a besoin d'être rassuré.

Posez des limites à votre enfant de moins de 5 ans

• *Lorsqu'il s'oppose, l'enfant teste les limites pour s'approprier la consigne et établir un lien de cause à effet.* Vers 2 ans, l'enfant commence à être plus autonome et à exprimer ses volontés et ses désirs. Cela peut entraîner une confrontation avec les adultes de son entourage. C'est une période difficile, car il doit apprendre à connaître ses propres limites et celles des autres.

Quand vous refusez une demande de votre enfant, expliquez-lui pourquoi vous ne voulez pas. S'il est fâché ou triste, il est important qu'il sente que vous êtes là pour lui. Dites-lui que, malgré votre refus, vous comprenez sa colère.

• *Comment concilier la soif de découverte de votre enfant avec votre aménagement intérieur ?* « Non, ne touche pas à cela ! » Dès qu'ils commencent à se déplacer, les petits ont besoin de voir, toucher, comprendre le fonctionnement de tout ce qui se trouve à leur portée : de vrais explorateurs ! Avant 2 ans, les enfants ne réagissent pas de manière systématique à nos explications.

ACTIVITÉ

À vous de jouer !

ADAPTEZ VOTRE INTÉRIEUR DÈS QUE VOTRE ENFANT COMMENCE À SE DÉPLACER

- **Réaménagez votre intérieur :** placez les objets fragiles en hauteur, les produits ménagers ou les alcools dans les placards fermant à clé. Sécurisez tout ce qui pourrait blesser votre petit explorateur (coins en plastique sur tous les angles de table basse...).

- **Créez un petit coin jeu dans le salon et dans la cuisine,** car il est impossible de demander à un petit enfant de ne jouer que dans sa chambre. Prévoyez un petit coin avec ses jouets dans les pièces à vivre, pour qu'il puisse s'occuper seul quand vous en avez besoin : pâte à modeler, feutres, gommettes, coloriages et découpages feront sa joie !

MON CONSEIL :

Déculpabilisez en deux étapes

1. Détendez-vous, même les enfants les mieux élevés font des caprices !

2. N'oubliez pas que, même si le regard des autres vous pèse, tous les parents doivent gérer des phases d'opposition nécessaires au bon développement de leur enfant.

APRÈS 5 ANS : UNE PHRASE MAGIQUE POUR STOPPER UN CAPRICE !

- **« Est-ce que ton problème est gros, moyen ou petit ? »** Cette question très simple va faire comprendre à votre enfant qu'il a surréagi. Il est important de prendre sa réponse au sérieux. Expliquez-lui que les plus gros problèmes sont ceux qui n'ont pas de solution, les moyens nécessitent de réfléchir attentivement pour trouver une solution et les petits se règlent très vite.

- **Laissez un temps de réflexion nécessaire à votre enfant.** C'est à lui de mesurer l'ampleur de son problème en fonction de la solution qu'il trouvera ou non. L'enfant comprendra bien vite l'inutilité de sa réaction. Il va finir par se calmer et trouver une solution, ou du moins rester ouvert à la discussion.

- **Les avantages de cette approche sont progressifs,** mais impressionnants, car ils favorisent le raisonnement et la discussion.

Favorisez le bon développement de son cerveau

Les neurosciences bouleversent notre approche de l'éducation sur le plan social et affectif. Elles nous confirment que nos paroles et nos gestes ont une influence cruciale sur le développement du cerveau de notre enfant.

Les parties du cerveau

Le cerveau comprend différentes parties qui ont chacune un rôle très précis.

- *Le cortex préfrontal :* il permet de s'adapter, d'être serein, de penser, d'imaginer, de se connaître, de faire preuve d'empathie ou encore de réguler les émotions.

Réconfortez votre enfant ! Des soins apaisants avant 3 ans développent cette partie du cerveau, régulatrice des émotions et des capacités d'adaptation. Votre enfant sera moins inhibé, moins agressif.

- *Le cerveau limbique :* c'est le cerveau émotionnel. Il gère les émotions, les apprentissages, la sociabilisation.

Câlins illimités ! Cela favorise la maturation du cortex. Les orphelins (entre 5 et 30 mois), carencés émotionnellement et socialement, présentent un retard de maturation.

- *Le cerveau reptilien :* il est pulsionnel. Il provoque des réactions instinctives ou spontanées du genre se défendre, fuir, se mettre en colère, avoir peur.

ACTIVITÉ

Le récit de la journée

VERBALISEZ SES EXPÉRIENCES NÉGATIVES.

Cela calme l'amygdale impliquée dans les réactions de peur. Elle sécrète alors moins de cortisol (hormone du stress) qui, en abondance, peut être délétère pour les neurones.

ENCOURAGEZ VOTRE ENFANT, RASSUREZ-LE !

Cela diminue sa sensibilité du stress : il deviendra un adulte stable, moins « stressable ».

LE CERVEAU

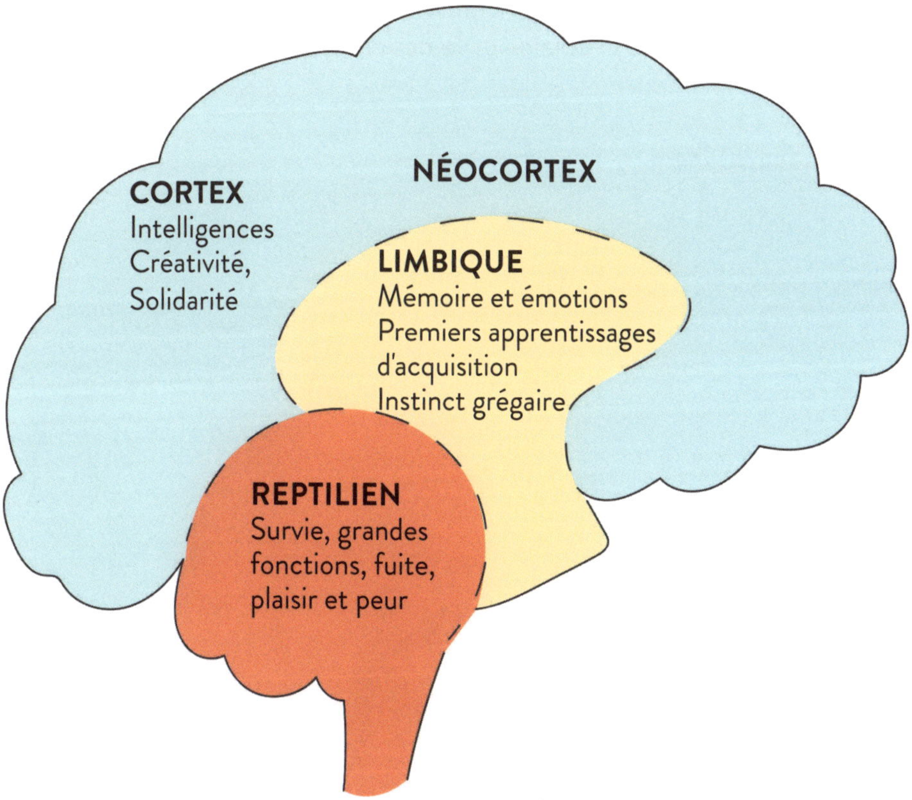
NÉOCORTEX
CORTEX
Intelligences
Créativité,
Solidarité
LIMBIQUE
Mémoire et émotions
Premiers apprentissages
d'acquisition
Instinct grégaire
REPTILIEN
Survie, grandes
fonctions, fuite,
plaisir et peur

Le cercle vertueux des câlins

Les câlins et caresses permettent au cerveau de votre enfant de libérer de l'ocytocine, l'hormone du bien-être. Cela le sécurise et favorise des liens harmonieux avec son entourage.

Catherine Gueguen, auteure de *Pour une enfance heureuse*, résume ainsi tout le bénéfice des câlins : « Les contacts tendres entre parents et enfants sont bénéfiques et indispensables aussi bien pour la mère que pour le père et l'enfant, ils renforcent l'attachement réciproque. Cet amour partagé apporte la sérénité, la confiance et le bien-être aux trois. »

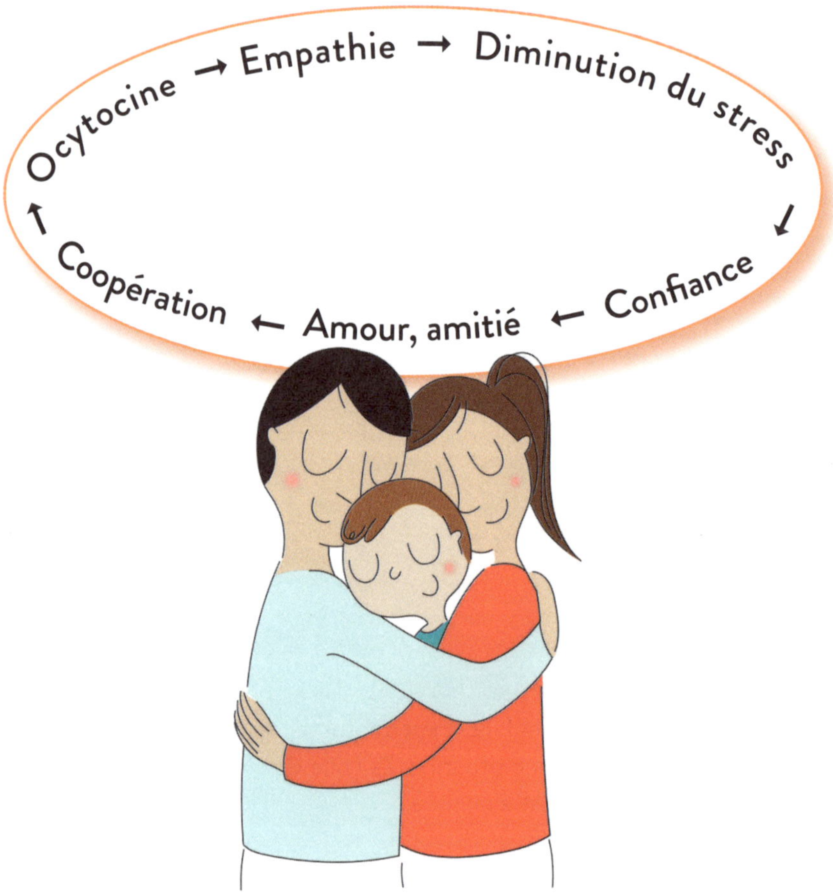

ACTIVITÉ Testez vos connaissances sur le cerveau

1. RÉGULATEUR DES ÉMOTIONS, LE CORTEX PRÉFRONTAL EST PERFORMANT À PARTIR DE :

- ❏ 6 ans
- ❏ 15 ans
- ❏ 25 ans

2. QUE SE PASSE-T-IL POUR UN ENFANT QUI N'A PAS ÉTÉ AIDÉ DANS LA RÉGULATION DE SES ÉMOTIONS (AVEC DES PAROLES ET DES SOINS APAISANTS) ?

- ❏ Il est très autonome et sait réguler ses émotions tout seul.
- ❏ Il cède facilement à la colère et à l'agressivité.

3. EST-IL NÉCESSAIRE DE JOUER AVEC SES ENFANTS ?

- ❏ Ils jouent très bien seuls, c'est mieux de les laisser complètement autonomes.
- ❏ Cela renforce le lien avec eux et génère des expériences positives en famille.

RÉPONSES

1. Le cortex préfrontal est le dernier à devenir performant, pas avant environ 25 ans ! Patience, patience !

2. Les émotions submergent l'enfant. Il est confus, agité, a du mal à réagir calmement et efficacement face à une situation. La taille du cortex préfrontal d'adultes maltraités pendant l'enfance est diminuée.

3. Jouez avec votre enfant ! Cela favorise la croissance générale du cerveau et renforce votre lien avec lui.

Comment l'aider à réguler ses émotions ?

Lorsque votre enfant ressent des émotions et sensations fortes (colère, peur, frustration), son cortex préfrontal est déconnecté : il subit une tempête intérieure qu'il est incapable de réguler.

Acceptez les émotions de votre enfant

Vous ne pouvez pas « contrôler » les émotions négatives de votre enfant (colère, peur, tristesse). De plus, le refus d'une émotion l'augmente ! C'est en acceptant ses émotions négatives que vous allez l'aider à s'en alléger.

Entre 0 et 3 ans

Les tout-petits ne savent pas toujours exprimer leurs émotions calmement.

- *Verbalisez ses émotions et ses expériences :* cela les rendra plus légères. Ne niez jamais ce qu'il ressent, il s'agit de sa réalité. Accueillez ses émotions et reformulez en miroir ce qu'il dit : « Tu es triste n'est-ce pas ? » Et/ou utilisez la communication non verbale : prenez votre enfant dans vos bras ou ayez une expression compatissante.

- *C'est seulement une fois cette étape passée que vous pourrez « faire appel à sa raison »* en lui indiquant le respect des règles. Par exemple, dites-lui : « Taper fait mal. Je souhaite que tu ne le fasses plus. »

- *Évitez de dire « non ».* Proposez-lui plutôt des choix. S'il joue avec un ballon dans la maison : « Que dirais-tu de jouer dehors ? », « Que pourrait-on faire avec ce ballon dehors ? »

Entre 3 et 6 ans

- *Connectez-vous à ses émotions,* puis rappelez-lui les règles si nécessaire. Vous pouvez lui dire : « Tu es vraiment déçu, il pleut et tu ne peux pas aller jouer dehors avec ton nouveau ballon. Que dirais-tu d'une bonne séance de chatouilles ? Il fera beau temps demain, nous irons jouer au ballon tous les deux, d'accord ? »

- *Aidez-le à verbaliser lui-même ses émotions.* La narration régule le trop-plein d'émotion en donnant du sens. Entraînez votre enfant à raconter ses expériences. Dites-lui : « Je t'ai vu courir, puis glisser sur le carrelage.

C'est ça ? » « Et puis, tu as pleuré. Alors j'ai couru vers toi »... Vous pouvez aussi utiliser les dessins.

• *Entraînez-le à chercher des solutions alternatives au lieu de camper sur ses positions.* Par exemple, dites-lui : « Peux-tu penser à une autre façon de répondre (sous-entendu plus respectueuse) ? » « Peux-tu trouver un compromis qui conviendrait à tous ? »

ACTIVITÉ La clé du succès !

• **Mettez-vous à sa hauteur et dites-lui que vous l'écoutez.** Bien souvent il a juste besoin d'attention : se sentir écouté, être pris dans vos bras, vous montrer ce qui a attiré son attention. Une fois qu'il se sent compris et rassuré, il « passe à autre chose ». Oui, cela va vous prendre un peu de temps ! Mais comparé à l'agacement qui augmente lorsque vous ne cherchez pas à l'écouter, cette petite pause vaut vraiment le coup, n'est-ce pas ?

• **Crier ou réagir de façon négative risque d'aggraver la situation plutôt que de la calmer.** Montrer à un enfant qu'il est possible de gérer ses sentiments est essentiel pour son développement. Pour le calmer au plus vite, il vaut mieux être calme soi-même et ne pas céder au caprice en question.

2

Bien s'écouter pour bien se comprendre

Entendre ou écouter ? Une mauvaise compréhension de son enfant crée souvent des malentendus et des conflits. Grâce à des techniques concrètes et pragmatiques et avec un peu d'entrainement, il est possible d'apprendre à communiquer efficacement. Quel gain de temps et d'énergie ! Vous êtes prêts ?

Savez-vous vraiment écouter votre enfant ?

Savoir écouter n'est pas forcément un acquis. Il est important de faire la nuance entre entendre (ce que tout le monde sait faire) et écouter (ce qui nécessite disponibilité, motivation et empathie).

Une compétence innée ou acquise ?

Si, chez certains d'entre nous, écouter est presque inné, pour d'autres, cela demande un certain entraînement. Chez vous, ça rentre par une oreille et ça sort quasiment instantanément par l'autre ? Ou bien êtes-vous plutôt du genre à écouter pleinement en essayant de comprendre ce que ressent l'autre, tel le petit prince de Saint-Exupéry : « On ne voit bien qu'avec le cœur, l'essentiel est invisible pour les yeux » ?

ACTIVITÉ

Test : Évaluez votre qualité d'écoute.

1. MON ENFANT SE PLAINT QUE JE NE L'ÉCOUTE PAS.

- ❏ 1. Presque jamais
- ❏ 2. Rarement
- ❏ 3. Parfois
- ❏ 4. Souvent
- ❏ 5. La plupart du temps

2. QUAND MON ENFANT ME PARLE, JE FAIS PLUSIEURS CHOSES À LA FOIS : RÉPONDRE À UN TEXTO OU UN MAIL SUR MON TÉLÉPHONE, RANGER, CUISINER...

- ❏ 1. Presque jamais
- ❏ 2. Rarement
- ❏ 3. Parfois
- ❏ 4. Souvent
- ❏ 5. La plupart du temps

3. QUAND IL ME PARLE, JE PENSE À AUTRE CHOSE SANS RAPPORT AVEC LA CONVERSATION.

- ❏ 1. Presque jamais
- ❏ 2. Rarement
- ❏ 3. Parfois
- ❏ 4. Souvent
- ❏ 5. La plupart du temps

4. JE TERMINE LES PHRASES DE MON ENFANT LORSQUE JE SUIS PRESSÉ/E OU QUE LA CONVERSATION NE M'INTÉRESSE PAS.

- ❏ 1. Presque jamais
- ❏ 2. Rarement
- ❏ 3. Parfois
- ❏ 4. Souvent
- ❏ 5. La plupart du temps

5. LORSQUE MON ENFANT M'EXPOSE UNE SITUATION DIFFICILE POUR LUI, JE NE PRENDS PAS LE TEMPS DE LUI PRODIGUER MES CONSEILS.

- ❏ 1. Presque jamais
- ❏ 2. Rarement
- ❏ 3. Parfois
- ❏ 4. Souvent
- ❏ 5. La plupart du temps

6. QUAND JE RETROUVE MON ENFANT LE SOIR, JE NE LUI DEMANDE PAS CE QU'IL A FAIT PENDANT LA JOURNÉE.

- ❏ 1. Presque jamais
- ❏ 2. Rarement
- ❏ 3. Parfois
- ❏ 4. Souvent
- ❏ 5. La plupart du temps

7. SI JE NE SUIS PAS D'ACCORD AVEC LUI, JE COUPE LA PAROLE À MON ENFANT POUR LUI DONNER MON AVIS.

❑ 1. Presque jamais
❑ 2. Rarement
❑ 3. Parfois
❑ 4. Souvent
❑ 5. La plupart du temps

8. J'INTERROMPS UNE CONVERSATION IMPORTANTE AVEC MON ENFANT POUR RÉPONDRE À UN APPEL TÉLÉPHONIQUE.

❑ 1. Presque jamais
❑ 2. Rarement
❑ 3. Parfois
❑ 4. Souvent
❑ 5. La plupart du temps

9. LORSQUE MON ENFANT ME PARLE, J'OUBLIE D'UTILISER DES MARQUES D'ATTENTION (CONTACT VISUEL, HOCHEMENT DE TÊTE, DES « HUM, HUM »...).

❑ 1. Presque jamais
❑ 2. Rarement
❑ 3. Parfois
❑ 4. Souvent
❑ 5. La plupart du temps

10. JE M'ATTACHE SURTOUT AUX MOTS. JE NE CHERCHE PAS UN ÉVENTUEL DÉCALAGE ENTRE CE QUE MON ENFANT ME DIT ET CE QU'IL RESSENT (ET QU'IL EXPRIME PAR DES GESTES : TÊTE BAISSÉE, GESTES AGITÉS...).

❑ 1. Presque jamais
❑ 2. Rarement
❑ 3. Parfois
❑ 4. Souvent
❑ 5. La plupart du temps

11. LORSQUE JE PARLE AVEC MON ENFANT, IL NE ME SEMBLE PAS PRIMORDIAL DE LE REGARDER DANS LES YEUX.

❑ 1. Presque jamais
❑ 2. Rarement
❑ 3. Parfois
❑ 4. Souvent
❑ 5. La plupart du temps

Faites le total de vos réponses (en additionnant les chiffres associés aux réponses).

Votre résultat : ....

RÉSULTATS DU TEST :

• **Plus votre résultat est bas (moins de 35),** plus vous savez écouter vraiment votre enfant. Du coup, vos échanges sont constructifs, vos relations sont riches et vous savez minimiser les conflits.

• **Votre résultat est plutôt élevé (entre 35 et 55).** Pas de panique ! Apprendre à écouter vraiment n'est pas forcément inné et vous demandera sans doute concentration et attention. Lisez les pages qui suivent et vous allez y arriver.

Six façons différentes

Comment ne pas tomber dans des situations pièges où l'on pense comprendre son enfant alors que ce n'est pas du tout le cas ? Le psychologue américain Elias Hull Porter a répertorié cinq façons différentes d'entendre... sans écouter et une dernière à utiliser.
Imaginez toutes les crises et tous les malentendus qui pourraient être évités !

1. L'écoute jugement

« Tu ferais mieux de... C'est nul. C'est bien. À mon avis... » Attention, que ce soit positif ou négatif, c'est la même chose ! Vous êtes en train de porter un jugement, vous ne l'écoutez pas vraiment. **Votre enfant risque de se sentir dévalorisé**, d'avoir une attitude défensive ou soumise, d'avoir besoin de se justifier, il peut culpabiliser.

2. L'écoute interprétative

« Si tu dis ça, c'est parce que... En réalité, je sais que... » Dites-moi, vous ne seriez pas en train d'interpréter ce que dit votre enfant en fonction de vos propres valeurs ? **Votre enfant risque de se sentir incompris, et, selon sa personnalité**, il peut devenir agressif ou dépendant.

3. L'écoute soutien

« Ne t'en fais pas, je vais t'aider... Ce n'est pas grave... Ne te mets pas dans des états pareils... » Bien sûr, vous pensez bien faire en vous positionnant en tant que conseiller, en cherchant à protéger et consoler votre enfant, en dédramatisant la situation. Mais... **votre enfant risque de se sentir pris en pitié**, il peut être incité à ne pas devenir autonome, avoir une baisse d'estime de soi.

d'écouter son enfant

4. L'écoute autoritaire

« Tu dois… Je te suggère… Il faut que… À ta place… » Vous ne seriez pas en train de donner des ordres ? **Votre enfant risque de s'opposer**, de devenir agressif.

5. L'écoute enquête

« Pourquoi ? Comment ? Quand ? Combien ? » Dites-moi, vous ne seriez pas en train de mener votre petite enquête ? Vos questions servent-elles à faire préciser ou à vraiment écouter ? **Votre enfant risque de se sentir pris au piège**, de culpabiliser, d'être confus.

6. L'écoute empathique (à employer)

« Si je te comprends bien… D'après toi… » La règle d'or de cette écoute est d'accepter l'autre tel qu'il est. Dans les faits, cela se traduit par une reformulation sans jugement, une verbalisation de ses émotions… **Votre enfant a le sentiment d'être compris**, respecté, il prend confiance en lui.

MON CONSEIL :

Cherchez d'abord à écouter, puis exprimez votre point de vue.

Pour être « intéressant », montrez-vous « intéressé » ! Cherchez d'abord à comprendre votre enfant, cela aura pour effet « d'ouvrir » ses oreilles. Il sera dans les meilleures dispositions pour vous écouter en retour.

Comment écouter ses émotions ?

Il faudrait « écouter avec son cœur ». Comme disait Goethe : « Parler est un besoin, écouter est un art. »

L'écoute empathique

Cette écoute a été développée par plusieurs psychologues, dont Carl Rogers. Son principe : respecter totalement son enfant et avoir une grande confiance en lui. Votre enfant est capable de trouver ses solutions par lui-même, pourvu qu'on ne le bride pas. Il doit se sentir complètement libre de s'exprimer.

Comment faire ?

Au lieu de vous concentrer sur ce que votre enfant dit, concentrez-vous sur ses émotions. Écouter vraiment son enfant, c'est chercher à comprendre ce qu'il ressent, en faisant taire son propre ressenti de parent, pour être au plus proche du sien. **Acceptez les émotions de votre enfant.** La question à se poser est : « Que ressent-il, au-delà de ses mots ? »

Cinq étapes de l'écoute empathique

1. Accepter ce que son enfant ressent.

2. Se concentrer sur ce qu'il ressent au lieu de se concentrer sur ce qu'il dit.

3. Se taire !

Laisser l'enfant aller jusqu'au bout, respecter ses silences, lui laisser des blancs pour qu'il puisse se concentrer et suivre le fil de son récit.

4. Reformuler et faire préciser, comme « un miroir ».

Ressentir profondément les émotions de son enfant et mettre des mots dessus afin de les faire diminuer. Lui dire : « Tu es si en colère que ça ? » Lui faire préciser ses émotions, poser des questions pour comprendre ce qui est flou ou incomplet : « Qu'est-ce qui t'énerves LE PLUS dans cette situation ? » « Le plus » est une formule magique pour aider votre enfant à aller droit au but et lui éviter de s'éparpiller dans de nombreuses explications.

5. Laisser votre enfant élaborer la solution par lui-même.

Le guider en lui disant : « Qu'est-ce qui te manque ? Comment vas-tu faire maintenant ? » Parfois, il arrive que l'enfant ne trouve pas d'issue tout seul. C'est seulement à ce moment-là que vous pouvez lui faire vos suggestions.

ACTIVITÉ

Apprenez à décoder son comportement

• Repensez à une situation dans laquelle votre enfant a fait preuve d'agressivité :

....

....

....

....

....

....

• D'après vous, dans cette situation, pourquoi votre enfant a-t-il été agressif ?

....

....

....

....

....

....

• D'après vous, quelles difficultés a-t-il éprouvé ?

....

....

....

....

....

....

....

• À ce moment-là, quelles émotions a-t-il ressenti ? Quelle a été sa façon d'agir et de penser ?

....

....

....

....

....

....

• Qu'allez-vous dire pour l'aider ?

....

....

....

....

....

....

Questionnaire inspiré par l'ANC (Approche neuro cognitive et comportementale, www.neurocognitivisme.fr).

Entraînez-vous à l'écoute empathique !

Votre enfant a besoin de s'isoler ou besoin d'attention ? Que faire ? Comment réagir ? N'hésitez pas à utiliser l'écoute empathique.

Situation :

Votre enfant revient de son cours de guitare avec une mine toute triste. Alors que sa grand-mère est venue lui rendre visite, il va s'isoler dans sa chambre.

- *Sans l'écoute empathique :* vous êtes énervé/e par l'attitude de votre enfant. Et sa grand-mère qui est toute seule dans le salon... Vous le grondez, lui reprochez d'être capricieux/se. Il s'énerve et claque la porte de sa chambre.

- *Avec l'écoute empathique :* qu'allez-vous faire et dire à votre enfant ? Pour bien vous entraîner, dans un premier temps, essayez vraiment de répondre sans vous référer à la solution proposée.

Solution proposée :

Commencez par ouvrir la conversation : « Cela n'a pas l'air d'aller très fort, as-tu envie de me raconter ton cours de guitare ? »

- *Réponse n° 1 de votre enfant :* « Oh, ce n'est rien, je suis fatigué, c'est tout. »

N'insistez pas et laissez-le libre de revenir vers vous quand ce sera le bon moment pour lui. Dites-lui : « OK, je suis dans le salon avec mamie. Je suis là si tu as besoin de parler. »

- *Réponse n° 2 de votre enfant :* « Les autres élèves disent que je joue comme une casserole. »

Votre enfant a un problème, c'est le moment de vous centrer sur lui et d'écouter ce qu'il a sur le cœur. Attention, abstenez-vous de donner votre avis, renvoyez-lui juste son émotion en reformulant ce qu'il vient de dire (voir page ci-contre).

ACTIVITÉ

À vous de jouer !

AIDEZ VOTRE ENFANT À COMPRENDRE SES ÉMOTIONS :

« Et cela t'embête beaucoup ?

– Oui, les autres ont dit que j'étais nul, ils se sont moqués de moi.

– Tu t'es senti triste ?

– Oui, j'ai l'impression que je n'arriverai pas à me faire des copains à la guitare cette année.

– Tu n'as pas de copains en ce moment ?

– Si, Oscar. Si seulement Paul n'existait pas.

– Si je comprends bien, c'est Paul qui t'embête vraiment.

– Oui. Je me sens bête face à ses moqueries. »

MESSAGE CLÉ

Quand un parent sait montrer à son enfant qu'il comprend ce qu'il ressent au plus profond de lui-même, pour l'enfant, cela veut dire que le monde est capable de le comprendre.

AIDEZ-LE À DÉFINIR SON BESOIN :

« As-tu du mal à te défendre ?

– Oui.

– Donc, si tu arrivais à réagir différemment, tu te sentirais mieux ?

– Oui.

– Comment pourrais-tu faire ?

– Je pourrais leur dire que je m'en fiche, car c'est faux, je ne joue pas si mal que ça ! Je pourrais aussi les ignorer. »

3

10 situations où les enfants n'écoutent rien !

Colères, frustrations, crises d'opposition : « j'en veux encore et encore, et puis non, j'en veux pas ! »
Besoin d'affirmation, d'exploration, d'être rassuré, d'attention, ou encore fatigue, manque de motivation (« Je ferai pas mes devoirs »), bouderies ou jalousies. Tant de situations et d'émotions complexes épuisent les parents. Voici les décodages et les astuces pour en sortir !

La crise d'opposition

« Je veux un bonbon ET un jouet tout de suite ! » Votre tout-petit se roule par terre... Il a repéré les « crocodiles qui piquent » et Monsieur Patate avec tous ses accessoires dans sa jolie boîte transparente.

L'opposition

Votre enfant les veut tout de suite ! Vous lui avez dit « non » gentiment, mais il ne veut rien savoir, crie, hurle, se roule par terre, sous le regard désapprobateur de certains clients...

• *Décodage :* **c'est clairement une crise d'opposition !** Votre cher trésor teste vos limites... et met vos nerfs à rude épreuve. Votre enfant est tout à fait normal : tous les enfants passent par cette phase.

• *À faire :* **Soyez ferme** en lui expliquant calmement que vous n'achèterez pas ces bonbons ni ce jouet aujourd'hui (mais pourquoi pas un autre jour ?). Dites-lui : « Je comprends ta colère, je n'ai pas prévu d'acheter cela aujourd'hui. On va à la caisse. »

S'il continue à hurler (il ne va peut-être pas lâcher si facilement !), prenez-le dans vos bras et serrez-le doucement contre vous quelques instants : en le « contenant », vous l'aidez à contenir sa colère. Il va progressivement se calmer.

• *À ne pas faire :* Si vous craquez, votre enfant va en conclure qu'il peut obtenir de vous ce qu'il veut. Il lui suffit de hurler ! La belle affaire !

MESSAGE CLÉ

Ces crises vont sans doute se reproduire durant quelques mois. Même si c'est dur pour vous, cela fait partie de son développement. Tenez bon, cela en vaut la peine.

Besoin d'affirmation

« Je mettrai pas mes chaussures ! » En ce moment, votre enfant est assez insolent. On dirait qu'il n'a qu'un but : tester vos limites et vous provoquer. À force, le climat n'est pas très serein à la maison. Il se fait gronder, punir... Vous voulez bien faire preuve de patience, mais parfois, c'est trop.

Décodage : **votre enfant a besoin de s'affirmer.** Il se détache peu à peu de vous, il réalise qu'il a une pensée différente de la vôtre et cherche à affirmer sa personnalité.

• *À faire :* **Soyez ferme.** C'est vous l'adulte, c'est vous qui décidez, rappelez-le-lui. Dites-lui : « Tu ne peux pas faire ça. Je comprends que tu ne sois pas d'accord, mais c'est comme ça. Ce n'est pas toi qui décides. Je vais au bureau et je ne veux pas être en retard, mets tes chaussures. »

Amenez-le à se projeter dans l'avenir : « Ce soir, tu pourras marcher pieds nus. »

MESSAGE CLÉ

Ne laissez jamais passer les provocations sans réagir. Pour tenir bon, répétez très calmement les règles, en regardant votre enfant dans les yeux.

Les frustrations

Pas facile d'arrêter votre enfant en plein élan... Il a l'air si joyeux ! Et pourtant, il faut parfois lui mettre des limites ce qui ne va lui faire du tout plaisir. Quelle est la bonne attitude à adopter ? Comment gérer les frustrations de votre enfant ?

Ici et maintenant !

« Encore un manège ! Non, je reste ici ! » Louis ne veut pas partir du manège alors qu'il vient de faire six tours d'affilée ! Mais l'heure tourne, il est grand temps de rentrer pour le bain et le dîner... Votre enfant ne l'entend pas de cette oreille, il en veut encore et encore !

• *Décodage :* **Il s'amuse si bien, pourquoi cela devrait-il s'arrêter ?** Difficile à comprendre pour un petit enfant qui cherche à satisfaire son bon plaisir le plus souvent possible.

• *À faire :* **Prévenez-le.** Vous souhaitez lui offrir six tours de manège ? Dites-le-lui dès le départ et faites le décompte avec lui, calmement et fermement. Soyez convaincu/e que vous n'offrirez pas de tour supplémentaire, quoi qu'il arrive. « Plus que deux tours », puis : « C'est le dernier tour et après on s'en va. »

MESSAGE CLÉ

C'est vous le parent, vous avez fixé une limite et vous avez vos raisons.

S'il montre encore quelques résistances, faites diversion en lui proposant des choix sur le programme à suivre : « Veux-tu prendre une douche ou un bain ce soir ? » « Après ton bain, veux-tu regarder Tchoupi ou Babar ? »

• *À ne pas faire :* **Attention aux discussions sans fin.** « Tu as été très gâté, je ne comprends pas, allez, viens vite, ce n'est pas gentil, si tu continues, je ne t'amène plus au manège... »

Le besoin d'exploration

« Oh, non, il a encore tout inondé ! » Ça vous agace ! Il joue avec de petits seaux dans son bain et les renverse sur le sol, une fois, deux fois, trois fois… et ce qui doit arriver arrive… la salle de bains est inondée… Petit curieux explore de nouvelles situations. C'est trop chouette de découvrir ce qui se passe quand on se livre à des expériences ! Il a aussi envie de découvrir les réactions des adultes qui vont avec !

Décodage : Il est curieux, il se livre à des expériences !

• *À faire :* **Soyez ferme.** Dites-lui, en le regardant dans les yeux : « Je comprends que tu trouves ça rigolo, mais moi, ça ne m'amuse pas ! Je compte sur toi pour que tu ne recommences pas. Je te l'avais déjà dit, c'est non et toujours non. »

• *À ne pas faire :* Surtout, ne lui dites pas qu'il est méchant, désobéissant… cela va abîmer l'estime qu'il a de lui-même.

Le besoin d'être rassuré

« Tout feu, tout flamme », votre enfant semblait complètement prêt à rentrer en petite section de maternelle. Quelle n'est pas votre surprise quand vous le récupérez au bout de quelques jours, en larmes. Qu'est-ce qui se joue en lui ?

« *Je veux plus aller à l'école.* »

Trois jours après la rentrée, votre enfant ne veut plus aller à l'école. Alors que vous lui faites un câlin pour lui souhaiter une bonne nuit, il pleure à chaudes larmes dans son lit.

• *Décodage :* **Votre enfant s'en était fait une joie, mais il a vite été rattrapé par la réalité de l'école** et ses contraintes (se lever tôt, se dépêcher, vivre en collectivité, obéir aux consignes de la maîtresse...). Il est inquiet ou a peur, il n'est pas à l'aise, il a besoin d'être rassuré.

• *À faire :* Tant qu'il percevra plus de contraintes que de bénéfices, votre enfant aura du mal à se sentir serein. **Accueillez ses émotions.** Dites-lui :
– « Tu es un peu inquiet ? » Aidez-le à voir le verre à moitié plein :
– « Qu'est-ce qui te plaît quand tu vas à l'école ? D'après toi, qu'est-ce qui t'aiderait à te sentir mieux à l'école ?
– Les copains !
– Et si tu essayais de te faire un ami demain ? »

Offrez-lui un petit livre abordant ce sujet pour dédramatiser la situation. L'histoire du petit lapin Simon est très drôle (*Je veux pas aller à l'école* de Stephanie Blake, L'École des Loisirs).

• *À ne pas faire :* **Nier ce que ressent votre enfant en lui disant que ce n'est rien,** que cela va bien se passer, ou pire le traiter de « bébé », de « pas courageux ». Cela abîmerait son estime et lui apprendrait que ce qu'il ressent n'a pas d'importance.

Le besoin d'attention

Quel « petit monstre » ! Il l'a fait exprès ! Il sait bien qu'il lui est défendu de dessiner sur les murs ! Quelle mouche l'a piqué ? Qu'est-ce qui cloche avec cet enfant ? Vous êtes hors de vous !

La bêtise

« Tu m'avais bien dit de ne pas le faire… mais je l'ai fait quand même ! » Vous l'avez laissé dessiner dans sa chambre, puis vous êtes parti/e dans le salon pour passer un coup de fil… qui a peut-être duré trop longtemps pour votre cher trésor !

• *Décodage :* Votre enfant vous a demandé plusieurs fois de venir voir son chef-d'œuvre, mais vous vouliez vraiment terminer votre conversation. Il s'est ennuyé et a dessiné sur le mur : **un très bon moyen pour obtenir de l'attention de votre part !**

MESSAGE CLÉ

S'il est important de lui rappeler les règles, il est tout aussi important de le réconforter en lui montrant que vous l'avez compris.

ACTIVITÉ

Test : comment allez-vous réagir ?

Voici trois suites possibles, quelle est celle qui vous semble la meilleure ?

- **1. Trop, c'est trop,** vous le punissez en le mettant au coin. Vous allez lui passer l'envie de recommencer !
- **2. Vous confisquez les feutres :** il ne pourra plus dessiner dans sa chambre désormais !
- **3. Vous lui expliquez calmement** qu'il ne faut pas dessiner sur les murs et, à voir sa mine triste, vous lui dites : « Tu étais fier de ton beau dessin et tu étais impatient de me le montrer, c'est ça ? »

BONNE RÉPONSE :

N° 3 bien sûr ! Même s'il a fait une bêtise, ce n'était pas « pour vous faire enrager consciemment », mais pour attirer votre attention.

Le besoin d'identité

Tantôt nos enfants partagent les mêmes goûts que nous. Comme il est facile de se comprendre ! Tantôt, les choses se compliquent… comment « la prunelle de nos yeux » peut-elle s'enticher de ces dessins animés abrutissants et autres jeux idiots ?

« — Tu m'avais promis des nouvelles baskets fluo pour mon anniversaire, pourquoi tu veux pas me les acheter ? »
— Chéri(e), tu sais bien que j'aime pas le jaune. »

• *Décodage :* L'autre n'est pas moi et il a le droit d'être différent ! Mon enfant n'est pas « un prolongement » de moi-même, il n'est pas moi. Je fais taire en moi tout jugement et je l'accepte tel qu'il est, pour ce qu'il est. Je respecte ses choix et ses envies, mêmes s'ils sont différents des miens.

ACTIVITÉ

Exercice

Réfléchissez à la dernière fois où votre enfant a eu des choix différents des vôtres. Par exemple, votre fille voulait à tout prix cette poupée bariolée et extrêmement maquillée ou cette peluche rose fuchsia et rouge, et votre fils voulait vraiment ces baskets jaune fluo…

Comment avez-vous réagi ? Qu'avez-vous dit ?

………………………………………………………………………………………………

………………………………………………………………………………………………

………………………………………………………………………………………………

Comment pourriez-vous réagir la prochaine fois ? Que pourriez-vous dire ?

………………………………………………………………………………………………

………………………………………………………………………………………………

………………………………………………………………………………………………

………………………………………………………………………………………………

La fatigue, le manque de motivation

La fatigue de votre enfant en plus de la vôtre ne font pas bon ménage. Pourtant, vous n'avez pas vraiment le choix, pour qu'il progresse et apprenne la persévérance, une chose est sûre, vous devez le motiver.

« Je veux pas faire mes devoirs. » Dix fois ce matin ! Vous lui avez demandé de commencer à faire ses devoirs avant votre retour du travail. 18 h 30, vous voilà de retour et rien n'a été fait. La soirée s'annonce dure… « Je veux pas, j'suis trop fatigué, c'est trop dur. »

• *Décodage :* À la fin de la journée, les enfants n'ont pas toujours envie de travailler, ils peuvent se sentir fatigués et avoir beaucoup de mal à s'y mettre. Aidez-les à s'organiser.

SIX RÈGLES D'OR POUR FAIRE LES DEVOIRS SANS STRESS

1. Ayez un horaire fixe afin d'habituer votre enfant à se mettre au travail. Même si vous n'êtes pas encore rentré/e chez vous, votre enfant ou la personne qui le garde peut vous envoyer un SMS lorsqu'il commence ses devoirs.

2. Si possible, maintenez la même heure de devoirs le week-end. Vous pouvez changer l'horaire pendant les vacances.

3. Fixez à l'avance la durée des devoirs, en fonction de ce qui a été demandé à l'école et de l'âge de votre enfant. Si le temps est trop long, procédez par demi-heures entrecoupées de pauses de 5 minutes.

4. Faites-lui faire les devoirs avant de jouer ou de regarder la télévision. Plus la fin de la journée approche, moins les enfants sont concentrés.

5. Commencez par les devoirs les plus difficiles et terminez avec ce qui est le plus facile.

6. Complimentez votre enfant sur trois choses qu'il a faites correctement et mentionnez-lui seulement deux points à améliorer. Effet motivant garanti !

La bouderie

On dirait que petit(e) grognon(e) a pris la mauvaise habitude de faire face aux conflits en se cachant ou en se renfrognant. Plus vous laisserez passer ce comportement, plus vous vous retrouverez à marcher sur des œufs avec lui. Alors, que faire ?

« Puisque c'est ça, je reste dans ma chambre ! »

• *Décodage* : votre enfant est vexé, il boude. Il est fermé à toute communication, il ne veut pas venir à table.

À ne surtout pas faire

S'énerver, crier, car votre enfant n'est pas du tout réceptif. Mais aussi ne pas culpabiliser et ne pas vous plier en quatre pour qu'il arrête de bouder : votre enfant risque de bouder régulièrement pour obtenir ce qu'il veut.

ACTIVITÉ Test : comment allez-vous réagir ?

1. Maintenant, ça suffit, il faut qu'il se secoue : en haussant un peu le ton, vous pensez que ça va rentrer dans l'ordre !

2. Vous vous pliez en quatre pour qu'il arrête de bouder : par exemple, vous allez lui acheter son magazine préféré et lui proposez un petit gâteau.

3. Vous dites calmement : « Tu es important pour moi, je t'aime et j'aimerais t'aider. Je suis dans le salon et je suis disponible pour toi. Dès que tu seras prêt à me parler, viens me voir. »

Bonne réponse : n° 3. En général, un enfant a du mal à sortir tout seul de sa bouderie, il a besoin de se sentir aimé et soutenu pour y arriver. Une fois que vous avez parlé calmement à votre enfant, laissez-lui quelques instants pour reprendre ses esprits. Ayez confiance en lui : il va venir en ayant les idées plus claires et l'intention de trouver une solution avec vous. À ce moment, asseyez-vous avec lui et écoutez-le. Ne le jugez pas, ne l'accusez pas. Guidez-le pour qu'il exprime ses émotions (il s'en libérera ainsi) et le besoin qui s'y cache. Puis invitez-le à formuler une demande précise.

La jalousie

Les jalousies entre enfants laissent bien souvent les parents en proie à de profondes interrogations. Pourquoi se disputent-ils autant alors que vous leur donnez tant d'amour et les gâtez de façon équitable ?

« Hors de question que je lui prête ma trottinette! » La petite sœur aimerait bien faire un peu de trottinette comme son grand frère. Votre aîné ne l'entend pas de cette oreille ! C'est À LUI, hors de question qu'il la lui prête !

• *Décodage :* Ne forcez jamais les enfants à prêter ou à partager : cela ne fait que les pousser à s'accrocher encore plus à leurs affaires. Le partage contraint et forcé sape toute tendance à donner de bon cœur.

ACTIVITÉ

Test : comment allez-vous réagir ?

1. Excédé/e, vous prenez la trottinette de ses mains pour la donner à sa sœur. Puis vous le grondez, il est important pour vous que vos enfants sachent partager. Son égoïsme vous exaspère.

2. Vous vous mettez à son niveau et lui dites : « Tu es un véritable modèle pour ta petite sœur. Elle t'admire beaucoup, tu sais. Peux-tu lui montrer comment tu arrives à faire de la trottinette, juste 2 minutes ? »

Bonne réponse : n° 2. Valorisez l'aîné. Plus il va se sentir grand, plus il aura envie de coopérer et de montrer l'exemple. Ne le culpabilisez surtout pas en lui reprochant de ne pas vouloir prêter, ceci renforcerait la jalousie entre frère et sœur.

Troubles d'opposition, quand consulter ?

Tous les enfants traversent une période normale, et même souhaitable, entre l'âge de 2 et 5 ans durant laquelle ils tiennent tête à leurs parents dans le but d'acquérir de l'autonomie et de s'affirmer.

Le trouble d'opposition avec provocation

Lorsque l'opposition persiste au-delà de 5 ans, qu'elle est trop fréquente, trop intense, lorsque la désobéissance de l'enfant est presque constante, on parle de TOP (trouble d'opposition avec provocation). On estime que 3 à 5 % des enfants sont concernés.

Les signes du trouble d'opposition avec provocation

C'est l'enfant qui décide et qui prend le pouvoir sur l'adulte :

- *Il ne veut pas se plier* aux demandes, refuse l'autorité.
- *Il se moque* des conséquences des punitions.
- *Il provoque l'adulte* (gros mots, transgressions des règles), il est souvent fâché, fait des crises de larmes importantes, il se met en colère, voire devient violent.

Pourquoi ce trouble apparaît-il ?

L'enfant ne se sent pas reconnu dans ses besoins, son individualité, sa recherche d'autonomie. **Il n'y a pas de lien parent-enfant établi.** Il a appris que l'opposition peut être payante (il obtient ce qu'il veut en agissant ainsi).

Un événement vécu difficilement par l'enfant peut aggraver la période d'opposition normale et la transformer en trouble d'opposition : **séparation, deuil, déménagement ou arrivé d'un autre enfant.**

Un enfant particulièrement anxieux pourrait réagir avec opposition s'il est obligé de sortir de sa routine habituelle. Un enfant surdoué et très habile à argumenter pourra aussi développer ce trouble si on ne lui impose pas de limites claires et si on le laisse toujours prendre le dessus.

Une composante génétique pourrait aussi être la source de l'opposition. Exemples : TDHA (trouble du déficit de l'attention avec ou sans hyperactivité) non diagnostiqué, autisme ou syndrome de Gilles de La Tourette.

Consultez et agissez

Une évaluation par des professionnels doit être faite pour poser un diagnostic, car ce trouble de comportement tend à s'aggraver si rien n'est fait.

ACTIVITÉ

Quelques conseils pour gérer votre quotidien

- **Évitez d'argumenter :** l'argumentation est le carburant de l'opposition. Moins vous argumenterez, moins votre enfant s'opposera.
- **Évitez de dire « non » :** pour un enfant opposant, le « non » a un effet déclencheur de crise.
- **L'enfant opposant n'est pas toujours conscient de son comportement.** Il agit sans penser et se retrouve souvent puni ou face aux conséquences négatives de ces actes. Son estime de soi est alors en chute libre. Nourrissez les bons moments avec lui. Offrez votre amour et votre temps. La relation que vous avez avec lui est la base de tout : dites-lui que vous êtes fier/e de lui lorsque son comportement est adéquat.
- **Évitez de donner de l'attention négative** au comportement négatif. L'enfant obtient alors ce qu'il veut. Dans la mesure du possible, appliquez l'ignorance intentionnelle.
- **Donnez-lui l'impression que c'est lui qui prend la décision** en lui proposant des choix : votre enfant aura moins tendance à s'opposer et se sentira compris.

4

Comment parler pour que son enfant écoute ?

Faire passer vos messages avec efficacité et sans vous fatiguer, voici l'enjeu. Dans ce chapitre, vous trouverez une méthode complète composée de quelques règles simples (les 4 C, beaucoup de JE et très peu de TU,), de consignes positives, d'un compte à rebours, d'une gomme pour effacer les paroles malheureuses, d'une pincée de coopération, d'une bonne dose d'amour, de quinze questions intimes et même une baguette magique !

La règle des 4 C

Quelques exemples : toujours essayer, faire de son mieux, tenir ses promesses, partager sa bonne humeur, dire la vérité, pardonner même si c'est dur, croire en soi... à vous d'inventer la suite, pourvu que ce soit : Court, Clair, Cohérent et énoncé avec Calme !

1. Soyez court

Évitez les formules trop longues : votre enfant risque d'avoir oublié la consigne avant même que vous ayez terminé. Préférez une phrase courte ou juste un mot. Exemple : Il sort de la maison sans son cartable ?
Dites juste : « Cartable ! » De même, pas de phrases trop vagues. Remplacez : « Ce serait bien que tu fasses un peu de rangement, tu ne trouves pas ? » par : « Je veux que tu ranges tes jouets. »

2. Soyez clair

Définissez les règles de votre maison avec votre conjoint/e (il est primordial que vous soyez sur la même longueur d'onde au risque de voir les enfants profiter de vos différends...). Certaines règles peuvent être définies avec vos enfants : organisez un mini « conseil de famille » pour les décider ensemble. Affichez-les bien en vue, sur le réfrigérateur par exemple.

3. Soyez cohérent

Si vous avez déjà dit « non » plusieurs fois et que votre enfant insiste, **ne cédez pas à sa demande** : cela affaiblit votre autorité et risque de générer de la confusion. Exemple : « Tu me l'as déjà demandé et tu connais déjà la réponse. »

4. Soyez calme

Autant que possible, **évitez de crier ou de vous énerver**, cela ne ferait qu'aggraver la situation : la colère est un sentiment contagieux qui se transmet de l'enfant au parent et vice versa.

MON CONSEIL : Félicitez votre enfant quand il arrive à rester calme dans une situation qui aurait pu dégénérer. Encouragez-le !

ACTIVITÉ Formulez des consignes positives

Nous avons tendance à formuler les choses de façon négative et nous obtenons l'inverse de ce que nous voulons.

Si je vous dis : « Ne pensez pas à une tarte aux fraises », à quoi avez-vous pensé ? Dites ce que vous souhaitez obtenir !

Ne dites pas ce que vous ne voulez pas	Dites plutôt
« Eddy, ne te mets pas debout sur cette chaise ! »	« Eddy, reste assis sur cette chaise ! »
« Arrête de pleurer ! »	« Tu es déçu/e ? Tu veux un câlin ? »
« Ne dis pas ça !	« Comment pourrais-tu demander autrement ? »

Utilisez le « je » et le « moi »

Il arrive que votre enfant vous parle, réclame votre attention et que vous soyez trop fatigué/e pour être disponible. Dans ce cas, il est important d'éviter le « tu » dans la conversation.

Le « tu » est souvent accusateur.

Votre enfant risque de se sentir dévalorisé, voire agressé, et la situation va dégénérer. Le « je » ou le « moi », au contraire, permet à votre enfant de sentir que vous lui faites confiance, il est capable de comprendre ce que vous ressentez. Les enfants aiment qu'on les prenne au sérieux. Vous instaurez ainsi un vrai climat d'écoute mutuel.

- *À ne pas faire :* **L'accuser de votre fatigue.** « Tu ne peux pas me laisser tranquille, tu es vraiment agaçant. »

- *À faire :* **Lui parler sincèrement.** Lui dire : « Je suis fatigué/e, je me repose un peu et je serai disponible pour t'écouter dans un moment. »

Retenez bien !

Le TU est un mot mortel.
Le TU tue la bienveillance dans la relation et empêche toute empathie dans la communication. Le TU juge sans demander confirmation, sans chercher à vérifier : « TU as cassé le jouet de ton frère ! »Le TU induit la notion de blâme. Il fige le dialogue dans la mesure où chacun est assigné à un rôle, accusateur et accusé. Le TU est manichéen « j'ai raison et tu as tort ». Efforcez-vous de l'éviter, voire de le supprimer.

ACTIVITÉ

À VOUS DE JOUER !

BAGUETTE MAGIQUE POUR STOPPER UN COMPORTEMENT !

Dites « STOP » à la place de « NON ». « Non » induit l'idée que vous êtes en train de gronder votre enfant, cela peut même le culpabiliser. Avec « stop », pas de honte, ce petit mot présente l'avantage d'arrêter l'enfant dans son élan, de stopper son action.

Vous y penserez la prochaine fois qu'il voudra absolument mettre les céréales Tigrou pleines de graisses saturées et de sucres dans le caddy du supermarché ?

RATTRAPEZ UNE PAROLE « MALHEUREUSE »

Vous êtes fatigué/e et vous avez dit : « Tu es vraiment stupide ! »

Nous sommes bien d'accord, il faut éviter au maximum ce genre de phrases très blessantes qui, à la longue, abîme l'estime de soi de votre enfant. Mais pas de panique, on peut toujours atténuer son propos en ajoutant après : « ... quand tu fais ça. » Exemples : « Tu es vraiment stupide... quand tu traverses la rue alors que le feu est rouge ». « Tu es épuisant... quand tu réclames 10 fois les jeux vidéo. »

C'EST À VOUS !

Réfléchissez à la dernière fois où vous avez dit ce genre de phrases à votre enfant. Comment auriez-vous pu l'atténuer ?

....

....

....

....

....

....

....

....

....

....

....

Utilisez le compte à rebours

Vous lui avez demandé d'éteindre la télévision et vous le retrouvez affalé sur le canapé devant un dessin animé ? Utilisez le compte à rebours : 5, 4, 3, 2, 1, 0.

À zéro, agissez !

Éteignez la télévision et prenez-le par la main pour l'emmener dîner ou appliquez une conséquence logique (définie au préalable avec votre enfant). Par exemple, demain, il aura 15 minutes de télévision en moins. Il apprendra vite que, lorsque vous commencez le décompte, vous êtes sérieux/se ! Il doit également comprendre, que lorsque vous avez dit « zéro », il est trop tard pour obéir : la conséquence est appliquée. Cela va lui donner l'habitude de « se mettre en mouvement » dès que vous commencez le décompte.

Favorisez la coopération

« On est bien d'accord ? » Il s'agit d'un accusé de réception pour inviter son enfant à s'impliquer et à tenir ses engagements.

Comment vous y prendre ?

Parents et enfant doivent **se réunir pour chercher une solution ensemble**. Chacun va pouvoir s'exprimer et proposer celle qui lui semble optimale. N'émettez ni jugement ni critique : toutes les propositions sont bienvenues, sachant qu'une seule sera retenue à la fin, avec la conviction que c'est la meilleure dans la situation donnée.

« On est bien d'accord ? »

L'accusé de réception permettra **de s'assurer que chacun est d'accord** avec la solution retenue et d'**inciter l'enfant à s'engager** et à tenir ce qui a été décidé. L'enfant devient le garant de la bonne mise en place de la solution retenue. Il se sent personnellement tenu d'appliquer la décision.

MON CONSEIL :

Lorsqu'une règle est claire et que l'enfant la connaît, appliquez la conséquence immédiatement, sans donner aucun avertissement. Résistez à la tentation de ralentir le rythme du décompte ou de l'entrecouper de menaces supplémentaires pour espérer que votre enfant obéisse avant la fin.

ACTIVITÉS

À vous de jouer !

EXEMPLE N° 1 : LES DEVOIRS AVANT LA TÉLÉVISION !

Vous vous êtes mis d'accord pour que les devoirs soient faits avant de regarder un dessin animé. Mettez-vous en face de votre enfant et regardez-le bien dans les yeux :

« On est bien d'accord ?

– Oui, on est bien d'accord. »

Les yeux dans les yeux

Il est important que votre enfant vous regarde et qu'il affirme clairement, **les yeux dans les yeux**, qu'il est bien d'accord, sinon il ne se sentira pas concerné. L'implication et la posture de l'enfant sont primordiales : un enfant qui dit « d'accord » rapidement, pas distinctement, avec le nez en l'air… n'est pas engagé sur la solution retenue.

EXEMPLE N° 2 : S'ENGAGER À SUIVRE UNE ACTIVITÉ TOUTE L'ANNÉE.

C'est la rentrée, votre enfant a très envie d'apprendre à jouer de la guitare. L'acquisition de l'instrument représentant un certain investissement, pas question qu'il abandonne au bout de quelques mois !

AVANT son inscription au cours, vous lui demandez un vrai engagement : « Nous sommes d'accord pour t'offrir une guitare et les cours qui vont avec, et toi, tu t'engages à t'entraîner deux fois par semaine et à suivre les cours jusqu'à la fin de l'année scolaire, on est bien d'accord ? »

Écrivez ce contrat sur une feuille et faites-le signer à votre enfant, puis affichez-le bien en vue.

Soyez efficace sans effort !

« J'ai quelque chose d'important à te dire. » Voilà l'astuce quand on a tout essayé. Rien ne fonctionne avec vos chers enfants ? C'est peut-être que vous en faites beaucoup, voire trop, du coup, vous êtes tendu/e.

La technique du moindre effort !

Essayons l'inverse. Voici une astuce qui a le mérite de demander très, très peu d'efforts. Vous allez adorer ! **Quand votre enfant n'écoute rien**, approchez-vous de lui doucement et dites : « **Écoute, j'ai quelque chose de très important à te dire,** mais je ne vais pas te le dire maintenant, car tu n'es pas assez attentif. Je te le dirai quand tu seras disponible. »

En agissant ainsi, **vous créez du désir chez votre enfant**. Et quand il y a désir, il y a ouverture, envie ! C'est magique, Votre enfant va immédiatement se rendre disponible et attentif. Vous essayez ce soir ?

MON CONSEIL : À utiliser sans modération, au moins une fois par jour !

Nourrissez sa confiance en lui

« **J'aime bien quand tu...** » ou « **J'ai bien aimé quand tu as...** » Quand on commence sa phrase par « j'ai bien aimé », cela fait du bien à celui qui l'entend.

• *Décodage :* Encore une fois, l'utilisation du « JE » n'enferme pas l'enfant dans un comportement, puisqu'on ne l'accuse pas. C'est une posture très puissante qui renforce un comportement positif et nourrit son estime.

ACTIVITÉS

À vous de jouer !

EXEMPLES POUR RENFORCER UN COMPORTEMENT :

« J'aime bien quand tu te laves les mains tout seul en rentrant de l'école. »

« J'aime bien quand tu débarrasses ton assiette sans que je te le demande. »

EXEMPLES POUR RENFORCER L'ESTIME DE SOI :

« J'ai bien aimé quand tu as raconté ta journée : ça m'a permis de comprendre ce que tu faisais à l'école. »

« J'ai bien aimé quand tu as raconté une blague à papi et mamie, c'était vraiment très drôle. »

C'EST À VOUS !

Réfléchissez à la dernière fois où votre enfant a dit ou fait quelque chose qui vous a rendu heureux/se, fait plaisir :

....

....

....

....

....

....

....

....

....

Allez, ce soir, vous le lui dites !

« J'ai bien aimé quand tu ....

....

....

....

....

....

....

....

....

....

....

....

Câlins, bisous et regards complices garantis !

Pour encourager son enfant à parler davantage

Voici 15 questions pour le faire parler et mieux le comprendre. Posez ces questions à votre enfant et écoutez vraiment les réponses !

Écoutez vraiment votre enfant, intéressez-vous vraiment à lui

Posez-lui des questions et écoutez ses réponses. Sinon, ne vous étonnez pas s'il ne vous écoute pas !

Testez la connaissance et la compréhension que vous avez de lui. Voici une série de questions qui permettent de **rentrer « dans son monde intime »**. Bénéfices garantis ! Vous allez lui montrer votre intérêt. Vous allez découvrir des pans de sa personnalité qui, jusqu'ici, vous étaient inconnus. Cela va générer des discussions que vous n'auriez pas imaginé avoir avec lui.

Attention, préparez-vous à avoir de très bonnes surprises !

ACTIVITÉS

15 questions pour mieux connaître son enfant*

Selon l'âge de son enfant, on peut même lui demander de dessiner ses réponses dans un joli carnet acheté pour l'occasion.

1 • Qu'est-ce que tu aimes le plus chez toi ?

2 • Qu'est-ce qui te plaît le plus dans notre famille ?

3 • Quel a été le plus beau jour de ta vie ? Décris-le.

4 • Quel est ton plus lointain souvenir ? Décris-le.

5 • Est-ce que quelque chose en particulier te fait peur ou t'inquiète ?

6 • Penses-tu que ta vie est meilleure ou moins bonne que celle de la plupart des gens ? Pourquoi ?

7 • Qu'est-ce qui est le plus important pour toi : l'argent ou le bonheur ? La santé ou le bonheur ? Pourquoi ?

8 • Si tu pouvais partir en vacances n'importe où dans le monde, où irais-tu ? Pourquoi ? Qui choisirais-tu pour t'accompagner ?

9 • Est-ce que tu aimes ton prénom ? Quel est ton surnom favori ? Y a-t-il un prénom que tu aimerais porter ? Pourquoi ?

10 • Si tu étais un animal, lequel serais-tu et pourquoi ? Décris-le.

11 • Si tu pouvais avoir un talent en particulier, lequel aurais-tu ? Pourquoi ?

12 • Si tu pouvais changer quelque chose chez toi, ce serait quoi ? Pourquoi ?

13 • Quel est ton livre préféré ? Pourquoi ? Si tu écrivais un livre, de quoi parlerait-il ?

14 • Quel a été ton moment préféré de ta vie (celui où tu t'es senti le plus heureux) ? Qu'est-ce qui te rend heureux dans la vie ? Décris un jour parfait.

15 • Si tu avais une boule de cristal pour te voir dans 10 ans, regarderais-tu dedans ? Si oui, que voudrais-tu y voir ?

* Ces questions sont inspirées de *Get to Know Your Kid*, de Shana Connell Noyes.

5

Se taire pour mieux écouter

Comment se faire entendre sans même avoir à parler ? La qualité de notre communication ne s'arrête pas à notre capacité à trouver les mots justes. C'est aussi savoir se taire, respecter le silence, observer, se mettre en retrait pour être mieux réceptif.
Dans ce chapitre découvrez des clés pour faire grandir vos enfants et grandir avec eux en étant juste une présence réconfortante, ce qui n'est pas si mal...

Comment se faire écouter sans même avoir à parler ?

Vous êtes bien placé pour le savoir, les enfants n'écoutent pas leurs parents ! Ils préfèrent observer minutieusement leurs comportements !

Être cohérent

D'où l'importance d'être cohérent entre ce que vous leur demandez et ce que vous faites vous-même : pas de gros mots (même entre adultes), pas de téléphone portable ni tablette à table (même pour répondre à une demande urgente de votre bureau), pas trop de grignotages entre les repas… Vos actes sont plus forts que vos paroles, ils permettent de se faire écouter sans même avoir à parler.

Quelques chiffres

Le langage du corps représente 93 % de notre communication : 55 % passent par nos gestes et nos comportements, 38 % par le ton et le rythme de notre voix. Nos paroles permettent donc d'exprimer seulement 7 % de nos messages !

Pour comprendre l'invisible, écoutons les mots (7 % de la communication) et surtout observons pour décoder les 93 % restants !

Pourquoi écouter votre enfant ?

Plus vous donnez de l'attention à votre enfant, plus vous lui apprenez à être attentif. Ce qui est essentiel pour tous les apprentissages (couleurs et formes, lecture et calcul…). Ce qui présente le double avantage d'être très apaisant pour lui : pour maman ou papa, rien n'est plus important que… lui !

Rien n'est plus contagieux que l'attention

Soyez « engagé » envers votre enfant pour qu'il soit, lui aussi, impliqué dans toutes ses activités. Vous en avez la preuve lorsque, en silence, vous observez simplement votre enfant : se sachant regardé, il se corrige de lui-même.

Dans cette posture, vous faites vraiment figure d'autorité, de **modèle à suivre** (à ne surtout pas confondre avec l'autoritarisme, qui n'a rien à voir). Grâce à votre attitude, vous rendez votre enfant « auteur » de ce qu'il fait.

Double bénéfice : l'attention que vous donnez à votre enfant est celle qu'il va vous rendre.

Attention à la « fausse attention » !

• *Fausse attention n° 1 :* soyez vraiment engagé, disponible. Si vous faites autre chose en même temps, il y a de fortes chances que votre enfant en fasse de même.

• *Fausse attention n° 2 :* si vous voulez être attentif, mais que vous restez dans une attitude « tendue », vous n'êtes pas dans une pleine attention. Vous avez peut-être besoin de vous ressourcer un peu avant de vous lancer (voir les 10 commandements du super parent !).

ACTIVITÉS

À vous de jouer !

VOTRE ENFANT APPREND À LIRE ?

Chaque soir, offrez-lui 10 minutes de pleine attention. Coupez votre portable et autre distraction possible. Installez-vous confortablement dans votre canapé, votre enfant à côté de vous. Écoutez-le patiemment déchiffrer les lettres, ne l'aidez que si nécessaire. Laissez-le faire.

Autre possibilité : lisez chacun votre tour, une ligne chacun ou une page chacun, en fonction de l'âge de votre enfant.

VOUS VOULEZ L'AIDER DANS SES APPRENTISSAGES ?

C'est vous l'élève, faites volontairement des erreurs ! Cette astuce fonctionne pour tous les apprentissages à l'école maternelle et à l'école primaire. Français, maths, histoire/géo...

Exemple avec la dictée : demandez à votre enfant de vous faire une dictée. Faites volontairement quelques erreurs... qu'il devra corriger ! Cet exercice ludique va vous obliger à être attentifs tous les deux !

Instaurez la confiance

La vie file très vite. Happés par le quotidien, les devoirs, les activités extrascolaires, les toilettes et les repas, les parents ne prennent pas toujours le temps de se poser, d'avoir le plaisir d'être simplement des parents et de faire grandir le lien qui les unit à leurs enfants, de devenir une présence réconfortante pour eux.

Une présence bienveillante

Plus les enfants grandissent, moins on leur consacre de temps pour les câlins, si bien qu'une fois ados, les contacts physiques sont parfois très réduits. Et si vous preniez le temps d'être vraiment présent pour votre enfant ?

Comment ? Soyez là, disponible, au moment où il a besoin de vous. Sachez l'écouter, sans juger. Faites-lui ressentir votre amour par texto, par post-it, par carte postale, quand il est loin de vous (colonies, week-end chez les grands-parents…).

ACTIVITÉS

À vous de jouer !

Et vous, comment vous y prenez-vous pour réconforter votre enfant par votre disponibilité ?

....

....

....

....

....

....

....

....

....

LETTRE À VOTRE ENFANT PARTI EN COLONIE DE VACANCES

Mon chéri,

Nous espérons que tu t'amuses bien.

Sache que ton super état d'esprit de copain, ton intelligence, ton très bon sens de l'orientation et ton humour sont de grandes qualités. Nous espérons que tu arrives à les faire partager à tes copains.

Toute la famille pense très fort à toi. Nous t'aimons exactement comme tu es.

Papa, maman, Léa et Thomas.

Vous n'êtes pas un perroquet

Vous êtes sans doute trop jeune pour « radoter ». Arrêter de vous répéter ! Si c'est le cas, c'est que vos messages sont inefficaces !

Pourquoi il ne faut jamais répéter les consignes ?

Pour éviter de rentrer dans un cercle infernal. Plus vous répétez, plus votre enfant vous fera répéter ! Donnez vos consignes une seule fois.

Deux règles d'or pour éviter de vous répéter

1. Donnez des limites ! Si votre enfant a tendance à faire de l'écoute sélective et ignore vos consignes, ça ne sert à rien de vous répéter. Vous allez vous énerver, peut-être même crier. Encore une fois, il teste vos limites et vous montre son opposition. Ne rentrez pas dans ce cercle vicieux. Mettez-lui plutôt des limites.

2. Ne « quémandez » jamais l'obéissance de vos enfants. Bannissez les « tu veux bien le faire, s'il te plaît ? » Utilisés trop souvent, ils vous mettent dans une posture de « demandeur ». C'est vous le parent, il est normal que vous donniez des consignes à votre enfant.

ACTIVITÉS

Taisez-vous et agissez quand votre enfant ne vous écoute pas !

- Allez chercher votre enfant par la main, calmement mais fermement, et mettez-lui ses affaires de sport dans les mains afin qu'il les range dans son cartable.
- Avertissez-le ensuite sérieusement que, lorsque vous donnez une consigne, vous vous attendez à ce qu'il vous obéisse.
- Prévenez-le : la prochaine fois qu'il fera mine de ne pas vous entendre, vous agirez. Mettez ensuite vos menaces à exécution et ne répétez jamais la consigne plus de deux fois.

Les premiers jours, votre enfant va peut-être résister, mais rapidement, il s'adaptera et vous cesserez de gaspiller votre énergie et votre patience.

Ne dites pas : « Mets tes affaires de sport dans ton cartable. Chéri, fais-le tout de suite, sinon tu risques de les oublier et d'être puni par ta prof de sport. Fais-le IMMÉDIATEMENT ! » Ça vous rappelle quelque chose ?

6

Pourquoi montrer l'exemple ?

« Rien n'est plus contagieux que l'exemple », disait le moraliste français du XVIIe siècle François de La Rochefoucauld. En ayant cette règle à l'esprit, essayez adopter un comportement positif qui les inspirera. D'autre part, nous ne sommes, en tant qu'êtres humains, loin d'être parfaits. Nous pouvons transmettre un message fort à nos enfants tel que « le droit à l'imperfection ». Éduquer, c'est aussi montrer l'exemple.

Conte pour ressentir, conte pour réfléchir...

Il était une fois un jeune berger qui emprunta un jour un nouveau sentier avec son troupeau. Il lui sembla alors entendre le bruit de sonnailles d'un autre troupeau. Cela le remplit de joie, car il avait bien envie de se faire un ami.

Le berger l'appela :

- Qui est là ?

Et il entendit aussitôt d'autres voix répondre :

- Qui est là ? Qui est là ? Qui est là ?

Il y avait donc d'autres bergers comme lui dans la vallée.

Il s'écria alors :

- Où êtes-vous, je ne peux pas vous voir !

Et les voix répondirent :

- Pas vous voir, pas vous voir, pas vous voir !

Cela le mit en colère. Les autres bergers se cachaient et se moquaient de lui. Il cria :

- Montrez-vous, imbéciles !

Et les voix répondirent :

- Imbéciles, imbéciles, imbéciles !

Cela lui fit un peu peur. Il n'était pas de taille à lutter contre tous ces bergers. Il rassembla bien vite son troupeau et rentra à la maison. Son grand-père, le voyant revenir tout en sueur, le questionna :

- Qu'y a-t-il, mon petit ? On dirait que tu as vu le diable dans la vallée !

Le jeune garçon lui raconta sa mésaventure. Il lui parla de tous ces bergers qui se cachaient, prêts à l'attaquer.

Le grand-père comprit que l'enfant s'était fait peur tout seul, en entendant sa propre voix... Il le rassura :

- Ces bergers-là ne te veulent pas de mal. Ils attendent seulement de toi une phrase amicale. Demain, lorsque tu retourneras dans les pâturages, commence par leur dire bonjour.

Le lendemain, lorsqu'il atteignit le fond de la vallée, le jeune berger cria joyeusement :

- Bonjour !

Et l'écho répondit :

- Bonjour, bonjour, bonjour !

Il ajouta :

- Je suis votre ami !

Et l'écho reprit :

- Ami, ami, ami !

Alors la peur quitta le cœur de l'enfant. Il comprit que, chaque fois qu'il disait des paroles gentilles, les voix lui répondaient de même. Et, lorsqu'il devint adulte, il garda toujours en mémoire cette leçon.

D'après un conte hindouiste,
extrait des "Philo-fables" de Michel Piquemal.

Morale de l'histoire : Si l'on va vers les autres le cœur plein d'agressivité, ils nous répondent par la violence, mais si l'on va vers les autres avec confiance, ils y répondent comme en écho. Le regard qu'on porte sur autrui le modifie. L'amour engendre l'amour, et la haine, la haine.

En avez-vous déjà fait l'expérience ? Sinon, il est peut-être temps d'essayer cette recette de vie.

« Ce que vous dites, ils s'en fichent. Ils enregistrent plutôt tout ce que vous faites, et surtout qui vous êtes », Guy Gilbert (*Et si on parlait de tes mômes ?*).

Attention, votre enfant vous imite !

Soignez votre comportement : l'exemplarité entraîne la crédibilité et l'imitation. Mon enfant n'écoute rien ! Quoi de plus normal ? En tant que parent, vous êtes bien placé pour savoir que les enfants n'écoutent pas ce qu'on leur dit !

MON CONSEIL : Des parents qui chérissent leurs enfants et font preuve de patience auront toutes les chances que ceux-ci soient calmes et empathiques avec les autres.

Les neurones miroirs

Grande découverte ! Les neurones miroirs permettent l'apprentissage des émotions par l'observation. Nos gestes, nos comportements (c'est-à-dire notre communication « non verbale ») ont une influence sur ce que ressentent les autres. Dans les années 1990, l'équipe du neuroscientifique Giacomo Rizzolatti a découvert que, lorsqu'un singe observe un mouvement, il le reproduit dans son cerveau sans pour autant accomplir ce mouvement. C'est ce qui explique le mimétisme et l'empathie. Nous apprenons en observant le comportement des autres.

Dans son livre *Pour une enfance heureuse*, le docteur Catherine Gueguen décrit parfaitement ce processus : « Pour identifier et comprendre le geste de l'autre, les cellules de notre cerveau correspondant à ce geste sont activées sans que le geste soit effectué. Les neurones miroirs sont découverts. »

ACTIVITÉS

À vous de jouer !

Comment faire en sorte que nos enfants soient « l'écho » de nos propres paroles ? « Vivez » vos valeurs, emmenez-les partout avec vous, « faites les rayonner » !

- Faites la liste des 10 ou 15 valeurs importantes pour vous :

1. ....
2. ....
3. ....
4. ....
5. ....
6. ....
7. ....
8. ....
9. ....
10. ....
11. ....
12. ....
13. ....
14. ....
15. ....

- Parmi ces valeurs, n'en conservez que cinq !

Concrètement, dans votre vie de tous les jours, comment se traduisent ces cinq valeurs clés pour vous ?

1. ....
2. ....
3. ....
4. ....
5. ....

Si vous trouvez des exemples, c'est parfait. Sinon, comment pouvez-vous incarner ces valeurs qui vous sont chères ?

....

....

....

Faites le bilan. Quels engagements prenez-vous ?

Souvenez-vous qu'il est plus facile d'appliquer les conséquences énoncées en amont que d'avoir à recadrer un enfant à qui on n'a pas mis assez de limites.

Des difficultés pour mettre des limites à votre enfant ?

À force de ne pas appliquer les « sanctions » prévues en cas de désobéissance, votre enfant ne prend plus au sérieux votre autorité. Cela peut vous mener à mettre en place des solutions « drastiques » et **à tomber dans l'autoritarisme** : « Tu es puni de télévision et de jeux vidéo pendant 15 jours ! » Difficile à tenir, donc épuisant pour vous. Avec le temps, ce type de punition abîme la relation parent-enfant.

Soyez patient…

Rappelez-vous : **vous avez une vingtaine d'années pour éduquer votre enfant** ! Vos interventions ne porteront peut-être leurs fruits que dans quelques années…

ACTIVITÉS

À vous de jouer !

- Mes engagements

....

....

....

....

....

....

....

....

....

....

- Mes résultats

....

....

....

....

....

....

....

....

....

....

Bibliographie

Pour aller plus loin…

LIVRES

- Gilbert Guy, *Et si on parlait de tes mômes ?*, Philippe Rey, 2008.
- Gueguen Catherine, *Pour une enfance heureuse*, Pocket, 2014.
- Piquemal Michel, *Les Philo-fables*, Albin Michel, 2003.
- Schwennicke Catherine, *Parent Zen*, Éditions de l'Homme, 2014.
- Siegel Daniel J. et Payne Bryson Tina, *Le Cerveau de votre enfant*, Les Arènes, 2015.

SITES INTERNET

- www.latelierdesparents.fr
- www.neurocognitivisme.fr
- www.humanintelligence.fr

À propos de l'auteure

Nina Bataille est coach certifiée et conférencière. Elle accompagne les parents en leur proposant un soutien et des solutions originales pour des changements durables. L'auteur a fondé l'agence Human Intelligence, société membre de l'Observatoire de la parentalité en entreprise et organisme de formation.
Son approche intègre différentes techniques de coaching et de psychologie.

Chez Larousse, elle est l'auteure des *50 phrases pour aider son enfant à surmonter ses colères*, coll. « Mini Larousse », 2018, des *50 règles d'or de l'autorité tranquille*, coll. « Mini Larousse », 2018 et de *Frère et sœur, de la rivalité à la complicité*, « Essai », 2018.

Imprimé en Espagne par Gráficas Estella, Navarra
Dépôt légal : avril 2018
2727874/02 - 11039197 - décembre 2019